KB264343

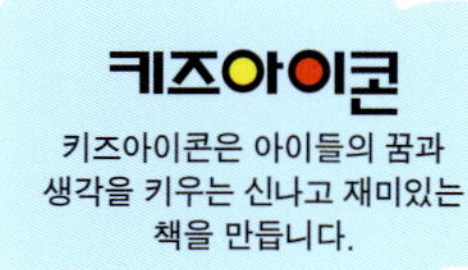

2019년 8월 13일 초판 1쇄 발행 | 2025년 3월 20일 초판 6쇄 발행

발행인 최종일 **발행처** ㈜아이코닉스 **기획** 키즈아이콘
구성 김영익 **글** ㈜아이코닉스 **그림** ㈜스튜디오 게일
총괄책임 서현수 **편집책임** 박정은 **편집** 장보원 조윤수 김예진 이유진 **디자인책임** 김미선 **디자인** 이순영 권혜원 경희정
제작책임 신초희 **제작관리** 이수란 김미래 김세미 **마케팅책임** 김미경 **마케팅** 이창열 서연지 심동수 이경재 이미나 지승한 송호성
출판등록 2008년 11월 4일(제 2014-000009호) **주소** 경기도 성남시 분당구 판교로 255번길 64
고객센터 1566-0855 **홈페이지** www.iconix.co.kr
꼬마버스 타요 ⓒICONIX/EBS/SEOUL
ⓒ2019 ICONIX Co., Ltd. All rights reserved. **Printed in Korea**

꼬마버스 타요

타요와 꼬마 마법사

키즈아이콘

화창한 오후,
꼬마 버스들이 주차장 놀이터로 놀러 왔어요.
"우리 뭐하고 놀까?"

이때 어디선가 신비한 빛이 날아와
꼬마 버스들을 감쌌어요.

그러자 타요는 풍선처럼
둥실둥실 떠오르고
가니는 장난감처럼
작아졌어요.

로기는 기린처럼
위아래가 길쭉해지고
라니는 돼지처럼
앞뒤가 짧아졌어요.

어리둥절해 하는 꼬마 버스들 앞에
꼬마 마법사 아수라가 나타났어요.
"하하하, 안녕? 난 마법 세계에서 온 아수라야."

"네가 그런 거야? 어서 원래대로 돌려 놔!"
"치, 재미있기만 한데…… 알겠어!"
아수라는 투덜대며 꼬마 버스들을 향해 마법봉을 휘둘렀어요.

다시 제 모습을 찾은 꼬마 버스들은
화가 나 씩씩거리며 아수라를 쫓아갔어요.
"아수라! 너, 거기 서!"

아수라는 꼬마 버스들을 피해 요리조리 도망갔어요.
하지만 얼마 못 가 꼬마 버스들에게 잡히고 말았어요.
"어디, 또 도망가 보시지!"

"너희들 가까이 오면
내가 또 마법봉으로……?"

"어? 내 마법봉이 어디 갔지?"

마법봉을 잃어버린 아수라는 바닥에 털썩
주저앉아 엉엉 울기 시작했어요.
"어떡해! 마법봉이 없으면
마법 세계로 돌아갈 수가 없어!"

아수라가 울음을 그치지 않자 타요가 나서서 말했어요.
"아수라가 집에 돌아갈 수 있도록
우리가 마법봉을 찾아보자."

꼬마 버스들은 지나온 길을 따라 아수라의 마법봉을 찾아보았어요.
"여기에는 없는 것 같은데……?"

"오늘은 찾기 힘들 것 같은데, 놀이터에서 놀고
내일 찾자."
로기의 말에 꼬마 버스들은 놀이터로
신나게 달려갔어요.

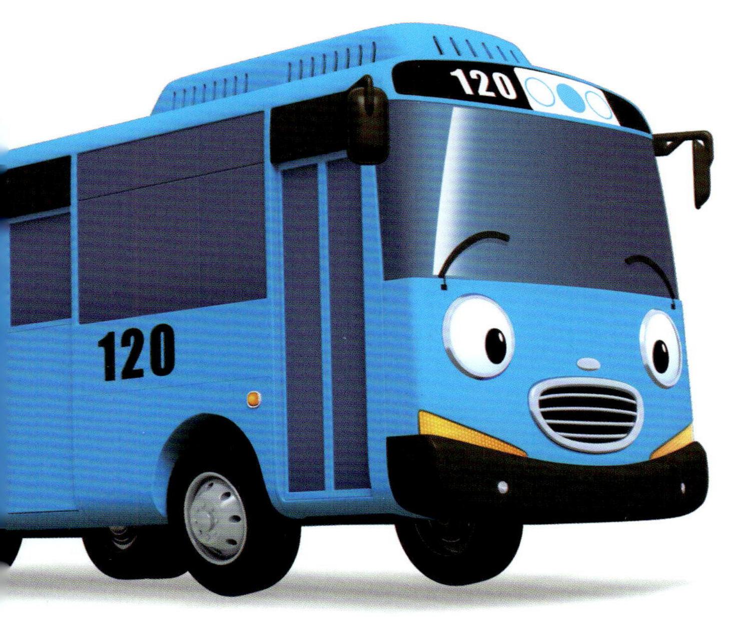

타요는 혼자 서 있는
아수라에게 다가갔어요.
"아수라, 너도 같이 놀래?"

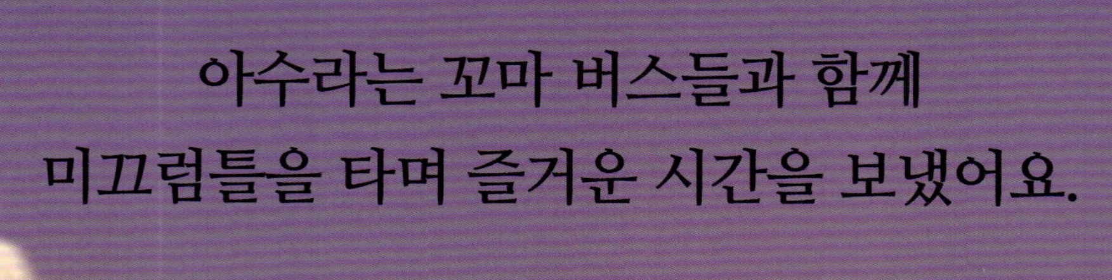

아수라는 꼬마 버스들과 함께
미끄럼틀을 타며 즐거운 시간을 보냈어요.

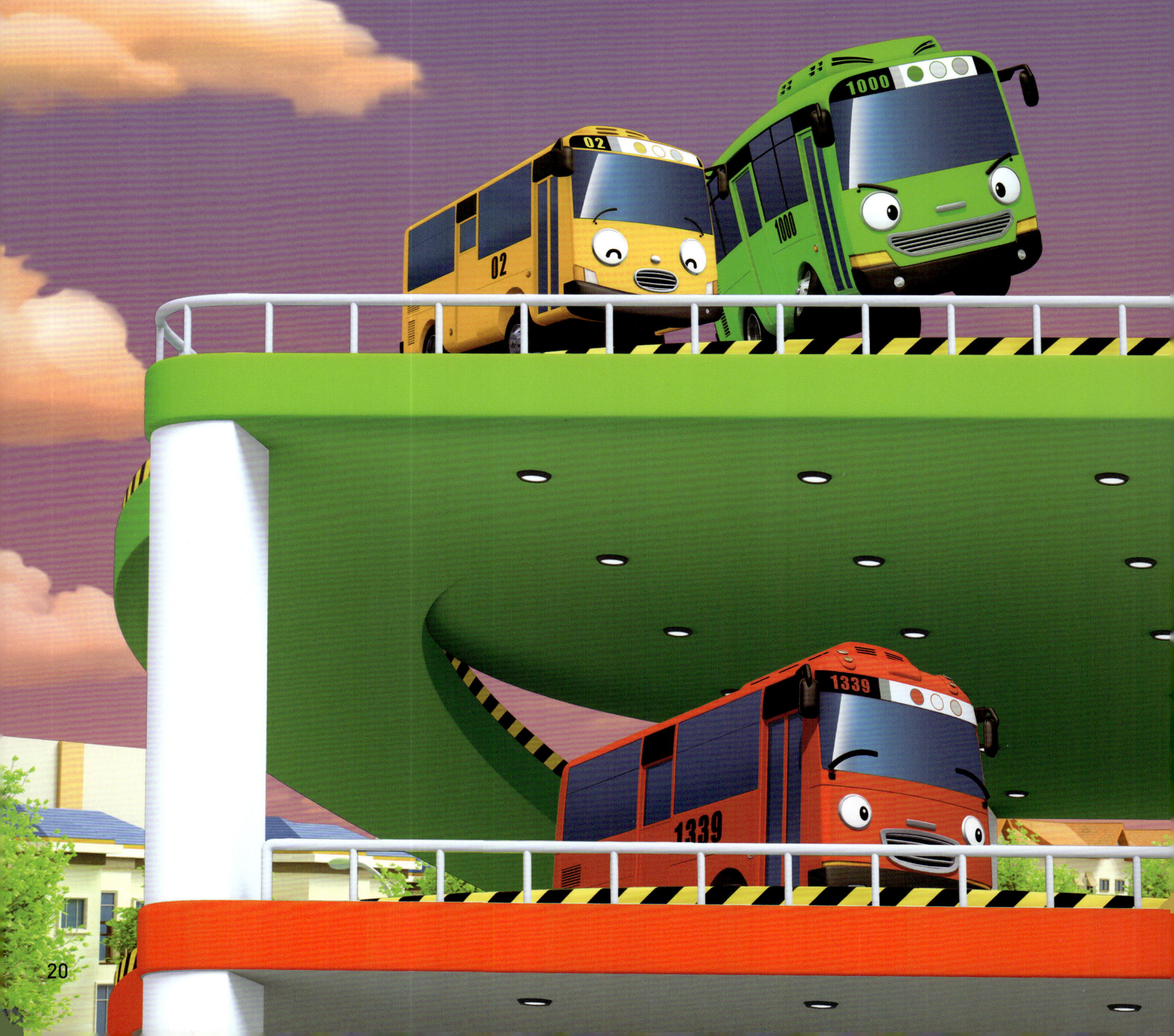

"우리 또 타자!"
"하하하, 재밌다!"
120

그날 저녁, 마법 세계로 돌아가지 못한 아수라는 타요와 같이 자기로 했어요.
"아수라, 왜 마법 세계를 떠나온 거야?"

"새로운 친구들을 많이 사귀고 싶어서 왔어."

"친구가 되고 싶다면서 마법으로 장난만 치면 어떡해.
친해지고 싶은 친구가 있으면 친절하게 대해야지."
타요와 아수라는 밤늦게까지 이야기를 나누었어요.

다음 날, 꼬마 버스들과 아수라는
다시 마법봉을 찾아 나섰어요.

드디어 아수라는 풀숲에 떨어져 있던 마법봉을 발견했어요.
"찾았다! 그런데 이제 꼬마 버스들과 헤어져야 하잖아?"
꼬마 버스들과 헤어지기 싫어진 아수라는
마법봉을 얼른 숨겼어요.

"얘들아, 마법봉은 나중에 찾고 같이 놀자!"
아수라는 꼬마 버스들에게 함께 놀자고 졸랐어요.
"그럼, 우리 조이의 마술 공연을 보러 갈래?"

아수라는 꼬마 버스들과 함께
조이의 마술 공연을 보러 갔어요.
아수라는 마술을 보고 즐거워하는
꼬마 버스들을 보며 생각했어요.

이어서 조이가
모자 마술을 시작했어요.

그런데 어찌된 일인지 조이의 모자에서
아무것도 나오지 않았어요.

지켜보던 관객들이 웅성대기 시작했어요.

'친구들을 실망시킬 수는 없어.'
아수라는 숨겨 둔 마법봉을 꺼내
조이의 모자를 향해 휘둘렀어요.

"와, 이렇게 멋진 마술은 처음이야!"
"나도, 나도!"
와
와
와

마술 공연이 끝난 후, 밖으로 나온
타요가 아수라에게 물었어요.
"아까 네가 마법봉을 쓴 거지?
왜 찾았다고 말 안 했어?"

"사실은 마법 세계로 돌아가기 싫었어.
너희랑 더 있고 싶었거든."

아수라의 말에 꼬마 버스들이 웃으며 말했어요.
"아수라, 우리가 보고 싶을 땐 언제든 보러 오면 되잖아!"
"정말? 너희 모두 내 친구가 되어 주는 거야?"

아수라는 마법봉을 들고 소리쳤어요.
"그럼, 내 친구가 되어 준 너희에게 선물을 줄게, 얍!"

아수라가 마법봉을 흔들자 하늘 위에 멋진 불꽃이 수놓아졌어요.
"와, 정말 멋지다! 고마워, 아수라!"
꼬마 버스들은 아수라와 함께 불꽃놀이를 보며
행복한 시간을 보냈답니다.